AF468592

NOTICE

SUR

M. LE COMTE MOLLIEN

MINISTRE DU TRÉSOR PUBLIC SOUS L'EMPIRE

PAIR DE FRANCE

GRAND'CROIX DE LA LÉGION D'HONNEUR, ETC.

PAR M. LE BARON DE BARANTE

DE L'ACADÉMIE FRANÇAISE

PARIS

TYPOGRAPHIE DE FIRMIN DIDOT FRÈRES

IMPRIMEURS DE L'INSTITUT DE FRANCE

RUE JACOB, 56

1850

NOTICE

SUR

M. LE COMTE MOLLIEN.

M. le comte Mollien, dont ses amis déplorent la perte récente, a été, pendant sa longue carrière, entouré constamment de l'estime générale. Son caractère, sa vie publique et sa vie privée ont toujours été honorés, comme ils méritaient de l'être. Ses mœurs étaient si douces, sa bienveillance si constante, son ambition, s'il en avait, tellement exempte d'orgueil et d'intérêt personnel, qu'il a vécu sans ennemis. La calomnie n'a jamais eu prise sur lui. Elle ne trouvait pas même de prétexte. Il a occupé une haute position ; il a rendu de grands services à son pays ; il a laissé de glorieuses traces dans l'administration des finances. Pendant les soixante années de nos révolutions, l'esprit de parti ne s'est, à aucune époque, emparé de lui, ni comme recrue, ni comme adversaire. Il avait pourtant des opinions sincères, et il leur était fidèle. Mais elles n'étaient jamais agressives; lorsqu'il savait que la discussion était inutile, il les conservait dans le silence. Parmi les orages politiques, dans la route difficile que sa génération avait à suivre, il a été guidé par un profond sentiment du devoir. Sa réserve prudente, ses calmes ménagements n'ont pas imposé un sacrifice ni une faiblesse à sa conscience; il n'a pas déserté une conviction, ni abandonné un ami.

Il était né à Rouen en 1758. Son père était un négociant dont l'éducation avait été cultivée; il voulut donner à ses enfants le même avantage. Ils furent élevés avec cette tendresse sérieuse, et parfois sévère, qui entretenait l'esprit de famille, et inspirait aux enfants une affection respectueuse. Après ses premières études, le jeune Mollien fut placé à Paris dans un collége de l'université; il obtint des succès dans ses classes, et à seize ans il remporta un grand prix au concours général. C'était alors l'usage d'assurer une carrière aux élèves couronnés; les administrations s'emparaient d'avance des sujets distingués. M. Mollien fut inscrit à l'âge de seize ans parmi les aspirants du ministère des finances, et continua ses études. Pendant un séjour qu'il fit à Rouen, il étudia le droit chez un habile jurisconsulte de cette ville. Un mémoire qu'il rédigea dans une affaire compliquée d'intérêts commerciaux avec l'Inde, et que Gerbier ne dédaigna pas de signer, commença à le mettre en lumière. De retour à Paris, son *client*, le marquis de Verdière, le présenta à ses amis. Il plut beaucoup au vieux maréchal de Richelieu, qui avait des rapports habituels avec des hommes de finance, et ce fut par sa protection qu'il fut admis dans les bureaux de la ferme générale.

Alors s'animait de plus en plus ce mouvement des esprits qui avait commencé avec le règne de Louis XVI; alors croissait impérieusement le besoin des réformes et des améliorations. M. Turgot avait été ministre; M. Necker était directeur général des finances. La révolution d'Amérique agissait sur les imaginations, et les portait déjà au delà des projets économiques et des progrès de la prospérité nationale.

M. Mollien se trouva bientôt admis dans une société où les matières de finance étaient le principal intérêt. Un banquier suisse, dont le nom a été oublié par les générations suivantes, y professait avec autorité des doctrines encore nouvelles en France. Penchaud tenait une véritable école. La conversation avait alors, en quelque sorte, l'influence que la tribune a exercée depuis; elle comportait la verve et l'éloquence; les orateurs avaient leurs disciples, leurs admirateurs, leur secte. Penchaud comptait parmi ses adeptes Mirabeau, M. de Talleyrand, M. Louis, d'autres encore, qui longtemps ont gardé le souvenir de son esprit et de son talent. Il élevait une bannière d'opposition contre M. Necker, dont la haute fortune excitait peut-être sa jalousie; M. Mollien écoutait et profitait de cet enseignement, sans jurer sur la parole du maître. Les occupations auxquelles il s'était livré lui donnaient déjà cette tournure d'esprit qui l'a toujours distingué; il avait goût aux théories, mais les contrôlait par l'application et la pratique.

Bientôt, malgré sa jeunesse, sa capacité fut remarquée; il avait trouvé dans les cartons de la ferme générale le projet, présenté par Lavoisier, d'entourer la ville de Paris d'un mur d'enceinte qui assurerait la perception des droits d'entrée, et serait en même temps utile à la police municipale. Il appuya cette proposition de calculs et de développements. M. de Calonne était devenu ministre; il adopta cette mesure, et le parlement ne fit aucune objection à l'enregistrement de l'édit.

Un autre travail plus important encore fut confié à M. Mollien. Pendant la courte administration de M. d'Ormesson, il avait été question de supprimer la ferme générale, et de mettre en régie la perception des impôts indirects : ce changement, opéré sans transition, eût mis l'administration dans la nécessité de rembourser près de cent millions avancés par les fermiers généraux, et détruisait le gage d'un emprunt qu'ils avaient contracté en leur nom pour le compte du trésor.

Le crédit public avait ressenti une telle atteinte de cette brusque détermination, que M. d'Ormesson avait été obligé de se retirer; M. de Calonne lui avait succédé.

Il était toutefois évident que le bail de la ferme générale, réglé en 1780, attribuait de trop grands profits aux fermiers, et qu'en le renouvelant à son échéance, en 1786, le trésor devait obtenir de meilleures conditions. M. Mollien, chargé de préparer les éléments d'un nouveau traité, trois ans avant l'expiration du bail, jugea qu'une augmentation de dix millions par an pouvait, avec justice, être demandée. Il entreprit d'y faire consentir les fermiers généraux. Il avait affaire à des financiers consommés, et leur expérience des discussions de ce genre semblait devoir leur assurer l'avantage dans la négociation. Chargé seul de la conduire, M. Mollien défendit les intérêts de l'État avec tant de zèle et d'habileté, que le bail fut consenti aux conditions voulues par lui. Le ministre, en récompense de cet utile travail, lui fit donner par le roi une pension de trois mille francs, récompense fort rare, et qui ne s'accordait guère que pour de longs services. Il avait alors vingt-cinq ans (1).

(1) Il peut être assez curieux de remarquer que cette pension, obtenue si jeune et perdue à la révolution, ne fut pas remplacée, et que M. Mollien ne réclama jamais celle de ministre, à laquelle il aurait certes pu se croire quelque droit.

Bientôt après, M. de Calonne échoua dans la tentative téméraire de réformer complétement les formes d'administration et l'assiette de l'impôt. Il avait espéré obtenir, pour cette révolution, l'assentiment et l'appui de l'assemblée des notables. Une série de dix-huit projets que n'enchaînait aucun système, qui ne promettait aucun résultat complet, était présentée sans exposé de motifs, sans calculs ni renseignements. Les notables jugèrent au premier aperçu que les concessions accordées à une partie de la nation susciteraient des exigences plus fortes, et qu'il y aurait regret des uns sans qu'il y eût satisfaction des autres.

M. Mollien, qui avait été chargé de réunir quelques matériaux pour préparer le travail rapide et frivole du ministre, avait, ainsi que tous les hommes sensés, présagé son mauvais succès. Il voyait que la France demandait dans l'ordre financier l'égalité de condition entre les propriétés, la proportionnalité dans les contributions, la sécurité dans le commerce, l'accomplissement exact des transactions du gouvernement avec les particuliers : ne pas obtenir de si justes demandes était, à ce moment, la grande cause du mécontentement général : cette faute devait précipiter la révolution politique. La nation apprenait ainsi que son gouvernement ne savait, ou ne voulait pas, accomplir des réformes réelles et complètes. M. de Calonne succomba sous le poids de son incapacité et de sa présomption.

Dès lors, M. Mollien ne prit aucune part aux grandes affaires de cette époque, et se borna au mécanisme de son emploi. Bientôt il désira quitter Paris. Il ne voulait pas cependant abandonner entièrement une carrière où il s'était fait un nom déjà considérable. Dans l'exercice de ses fonctions au ministère des finances, il avait senti le besoin de connaître plus exactement les détails de l'administration de l'enregistrement : la place de directeur des domaines du département de l'Eure se trouvant vacante, il se la fit donner. Une amitié qui devait marquer et honorer le cours presque entier de sa vie, contribua à lui faire désirer cette retraite. Le duc de Liancourt commandait en Normandie. Ils se connaissaient et s'appréciaient déjà depuis longtemps : l'intime liaison qu'ils contractèrent alors devait durer autant qu'eux.

Après le 10 août, suspect, à bon droit, aux vainqueurs de cette journée, M. Mollien fut destitué. L'estime et l'affection dont il jouissait dans le pays qu'il habitait le préservèrent quelque temps des rigueurs révolutionnaires ; mais vers le commencement de 1794 il fut arrêté, conduit à Paris comme complice des fermiers généraux, dont il avait été le contradicteur, et enfermé dans la même prison. Il assista à leurs derniers moments; il fut témoin de la courageuse résignation de Lavoisier et de ses confrères. Oublié dans la prison, ou plutôt caché par le concierge, M. Mollien fut sauvé au 9 thermidor.

Dans les années suivantes, il vécut dans la retraite. La pensée de rentrer dans les emplois publics ne pouvait se présenter à lui. Ce n'était plus le temps de la terreur et des échafauds; mais le désordre de l'administration, l'arbitraire de l'autorité, la mobilité de la législation, le manque de foi aux engagements, le défaut de sécurité, étaient encore les signes manifestes d'une époque révolutionnaire. M. Mollien observait tristement la ruine de la France, la cessation de ce mouvement progressif du commerce et de l'industrie qui avait signalé les dernières années de la monarchie: c'était surtout pour leur donner un plus libre essor et de véritables garanties que la nation avait voulu des réformes efficaces et complètes; elle avait perdu la prospérité; elle était plus éloignée de la liberté qu'auparavant.

M. Mollien n'avait jamais eu aucune relation avec le général Bonaparte. En admirant, comme tout Français, le génie du grand capitaine, il avait remarqué son esprit d'ordre et d'organisation, son instinct des conditions d'une société bien réglée. Il plaça sans hésiter une patriotique espérance dans la révolution du 18 brumaire; mais sans ambition personnelle, sans songer à solliciter aucun emploi.

L'année précédente, il avait trouvé moyen de faire, licitement, un voyage en Angleterre, afin d'accomplir le dessein conçu depuis longtemps d'y étudier le système des finances, et d'y faire un cours pratique d'économie politique. Il publia à son retour, sous le titre d'*Aperçus et résultats de la doctrine française et de la doctrine anglaise*, un écrit aujourd'hui fort rare.

Vers cette époque, M. Gaudin, récemment appelé au ministère des finances, qui connaissait depuis longtemps M. Mollien, pour avoir été employés l'un et l'autre dans les administrations financières, lui proposa de diriger la caisse d'amortissement. Elle venait d'être instituée, mais n'avait point le caractère ni les attributions indiqués par le nom qui lui était donné. La dette publique constituée avait été réduite des deux tiers par une banqueroute; elle n'était pas même définitivement liquidée. Le gouvernement nouveau ne semblait pas se proposer de recourir à des créations de rentes pour acquitter les dépenses qui excéderaient les revenus ordinaires de l'État. La caisse d'amortissement était plutôt destinée à rendre moins onéreuses et plus régulières les anticipations, qu'on nomme aujourd'hui *dette flottante*. On avait récemment prescrit aux receveurs généraux de souscrire, au commencement de chaque année, des engagements personnels pour le montant des sommes qu'ils devaient percevoir. Ces obligations, selon les besoins du trésor, étaient négociées avant leur échéance. La caisse d'amortissement devait les garantir, et pour cela on lui avait donné, comme premier fonds, les cautionnements des receveurs généraux; elle était aussi chargée de payer les intérêts de tout cautionnement quelconque qui lui était versé. En outre, quelques autres ressources, telles que les pensions et les rentes viagères, éteintes par décès, lui étaient aussi affectées. C'était lui laisser peu de marge pour racheter la dette consolidée; elle n'était pas une véritable institution d'amortissement, dont le mécanisme essentiel aurait dû être un rachat certain et régulier des effets publics.

M. Mollien savait mieux qu'aucun autre ce qui manquait à l'établissement dont la direction lui était confiée. Le gouvernement et le public de cette époque ignoraient les conditions du crédit et les éléments de l'administration des finances. On pensait que le directeur de la caisse d'amortissement allait spéculer sur le rachat de la rente pour le compte du trésor, et que, légitimement, il aurait aussi à faire sa propre fortune. M. Mollien avait d'autres idées et une autre ambition. Il entrevit la possibilité de créer, sur une échelle restreinte, un établissement de crédit qui rendrait au gouvernement une confiance que la mauvaise gestion des finances et le manque de foi ne lui avaient point permis d'acquérir avant la révolution, et encore moins après. Dans la sphère spéciale et circonscrite où on le plaçait, il résolut de donner l'exemple d'une administration publique strictement fidèle à tous ses engagements, et de gérer la caisse d'amortissement selon les règles et les principes qui assurent le crédit des grandes maisons de commerce, sous la main d'un négociant probe et intelligent.

L'instrument le plus efficace pour arriver à ce résultat était une comptabilité exacte. Il l'emprunta aux habitudes commerciales. Au lieu d'un compte qui se divisait seulement en recette et en dépense, tous les faits, toutes les circonstances qui motivent un déplacement de valeur furent inscrits à leur date; de telle façon que les comptes ainsi composés peuvent être chaque jour arrêtés et balancés : du compte général sont ensuite extraits les comptes particuliers, ouverts à chaque opération, à chaque créancier ou débiteur. Par ce moyen on sait toujours où l'on en est, soit pour la situation totale, soit pour la situation des divers éléments du compte.

Grâce à ce loyal accomplissement des engagements dans leur entier et à leur date, phénomène nouveau dans l'administration publique, la caisse d'amortissement parvint bientôt à prendre pour son compte les obligations des receveurs généraux, en les escomptant elle-même au lieu de les garantir à ceux qui les avaient escomptées. Elle devenait donc un prêteur pour le trésor et pour les dépenses publiques : prêteur moins onéreux que tout autre. Le bon ordre établi par le gouvernement consulaire, la paix intérieure, la victoire revenue sous nos drapeaux, le sentiment de sécurité qui rendait la France étonnée et reconnaissante, étaient sans doute la grande cause de la restauration des finances. Profiter de ces heureuses circonstances était le mérite d'une administration éclairée, stricte dans ses formes de comptabilité et dans ses payements.

Le directeur de la caisse d'amortissement accomplissait cette tâche sans bruit, sans jactance, sans trancher du ministre, sans viser à l'éclat. Par caractère autant que par prudence, il évitait les jalousies et les controverses; il savait combien les doctrines d'économie politique, combien l'assimilation du crédit de l'État aux conditions qui règlent et soutiennent le crédit privé, avaient peu de faveur dans l'opinion des hommes mêlés aux affaires publiques; l'opinion vulgaire elle-même, alors, plus encore que maintenant, au lieu de calculer l'intérêt général, épousait tel ou tel intérêt particulier, ou s'animait en envisageant les questions sous un point de vue d'esprit de parti.

Toutefois, au commencement de 1801, M. Mollien fit paraître un premier compte de son administration. Sans développer aucun système, sans dire par quel mode de comptabilité, il présenta des chiffres clairs et incontestables; il voulut que sa gestion fût jugée d'après les résultats qu'il avait obtenus. Le public en tira la conclusion : on commença à savoir ce que valaient et ce que pouvaient valoir la caisse d'amortissement et son directeur. Bientôt il fut question d'agrandir cet établissement, d'en tirer avantage sur une plus grande échelle, d'en faire sinon un instrument de crédit et d'emprunt, du moins un auxiliaire économique de la trésorerie. On songea à lui concéder des domaines nationaux, comme gage de ses avances, et afin qu'il les vendît à loisir, en évitant une précipitation qui les aurait dépréciés.

Ce fut à ce moment que le premier consul voulut connaître M. Mollien, qui n'avait pas cherché à s'approcher de lui. Heureux dans son intérieur, se plaisant dans une société intime d'hommes distingués, au milieu desquels il aimait à exercer son esprit aux considérations les plus élevées de la morale et de la politique, M. Mollien n'était pas pressé de se produire sur un plus grand théâtre. Son ambition n'était point inquiète : il avait foi dans la valeur de ses idées ; il savait que leur application serait utile, et il attendait volontiers et sans impatience, dans la position de modeste administrateur, que leur jour fût venu. Le premier consul avait d'ailleurs quelques préventions, sinon contre lui, du moins contre ses doctrines financières, et le regardait comme un économiste entaché de théories anglaises.

M. le comte Mollien a écrit dans ses Mémoires un récit de cette première conversation, qui dura plus de deux heures. Elle porta spécialement sur les opérations de la Bourse, et sur l'influence qu'une caisse d'amortissement pouvait ou devait y exercer. Dans ce curieux entretien, on reconnaît à quel ordre d'idées différentes se rapportaient les opinions de chaque interlocuteur, et à quel point de vue chacun était placé. Cette même diversité, qui ne diminua ni la confiance de Napoléon ni l'admiration de son futur ministre, se retrouva constamment dans leurs relations.

D'une part, on voit déduits des faits généraux les principes incontestables de la formation des richesses, de la provenance des capitaux, du développement de la prospérité publique et de la civilisation; on explique leurs conditions nécessaires : l'observation fidèle des engagements publics; l'intérêt général prévalant toujours sur tout intérêt privé; les besoins du présent soumis aux ménagements de l'avenir.

D'autre part, sans contester ces démonstrations ni ces principes, en convenant que telle est en effet la marche progressive de la prospérité sociale, il est objecté que cette marche peut être entravée et retardée par des circonstances invincibles, par des dangers qui ne doivent pas être impunément bravés; que le passé a créé des intérêts privés tellement considérables, qu'il est juste de les faire entrer en ligne de compte; que l'opinion publique, même lorsqu'elle est égarée par des préjugés, n'en est pas moins puissante et formidable; que les hommes et surtout la multitude peuvent se tromper sur leurs véritables intérêts, et qu'on n'est pas assuré de redresser leurs erreurs autrement que par l'expérience ; que les peuples, comme les individus, ont leurs passions ; que si, tout balancé, un pays gagne à suivre la route conseillée par l'économie politique, il n'en est pas moins vrai que les oscillations qui précèdent l'équilibre peuvent être calamiteuses ; que la politique, c'est-à-dire la défense du territoire et le bon ordre dans l'intérieur, a des exigences impérieuses ; et que le présent doit alors, non-seulement faire des sacrifices, mais en imposer à l'avenir.

Pendant neuf années de ministère, le thème de cette première conversation fut souvent traité dans ses applications spéciales entre Napoléon et M. Mollien. Le maître tout-puissant, dont la volonté était si absolue, redoutait l'esprit de système, et le croyait souvent incompatible avec le bon sens. Il avait surtout en déplaisance les économistes, car la liberté commerciale et les devoirs du gouvernement envers les particuliers mènent à la liberté politique. Mais M. Mollien avait une façon douce et tranquille de présenter son opinion ; il la réservait pour des entretiens intimes où l'amour-propre de la discussion n'avait nulle part. Ce n'était ni au conseil d'État, ni même dans des comités, qu'il entreprenait de réfuter et de combattre l'empereur. Plus préoccupé d'un but essentiel à atteindre que d'un succès frivole à obtenir, il trouvait conve-

2

nable et sage de tenir pour ainsi dire secrets ses dissentiments et ses objections. D'ailleurs, dans ces conversations il s'attachait surtout à montrer, non pas que le système général devait être suivi, mais que dans le cas particulier il était utile de s'y conformer. Sous la doctrine dont il se méfiait, Napoléon reconnaissait l'habileté pratique et l'esprit positif. « Il est bien de la secte des novateurs, di« sait-il un jour; cependant on se trouve assez bien « des innovations qu'il a faites (1). »

A dater de ce jour, où Napoléon avait connu M. Mollien, il l'appela fréquemment près de lui, et le consulta habituellement sur toutes les grandes questions. Il augmenta le pouvoir et les attributions du directeur de la caisse d'amortissement : son intervention dans les opérations du trésor devenait de jour en jour plus importante et profitable. En même temps qu'il agrandissait les fonctions, il voulut grandir l'homme. M. Mollien fut nommé conseiller d'État; et cette abnégation de ses intérêts personnels qui l'a toujours si éminemment distingué lui fit réduire lui-même de moitié le chiffre, trop élevé, auquel Napoléon avait voulu porter le traitement du poste qu'il occupait.

A la fin de janvier 1806, le lendemain du jour où l'empereur était revenu de la campagne d'Austerlitz, il appela M. Mollien au ministère du trésor

(1) Extrait des Mémoires laissés par M. le comte Mollien, sous le titre de *Mémoires d'un ministre du trésor public.*

public, en remplacement de M. de Marbois. Les embarras du trésor et le péril où venait de se trouver la Banque, exposée, par la perte de la confiance publique, au remboursement de ses billets, avaient préoccupé et irrité Napoléon. Les inquiétudes de l'opinion, émue par la prise de possession du titre d'empereur, par le renouvellement de la guerre; la gêne qu'avait dû amener un tel surcroît de dépenses, auraient pu expliquer, ou du moins excuser, la gestion malencontreuse du ministre. L'intégrité de M. de Marbois n'a jamais été contestée; mais il avait placé une confiance trop grande dans des subalternes peu scrupuleux, et n'avait pas démêlé combien étaient onéreuses les opérations par lesquelles il se servait, par anticipation, de revenus non encore réalisés : il s'était laissé duper par de trop habiles faiseurs d'affaires.

M. Mollien reconnut et constata l'étendue du débet. Les spéculateurs qui s'étaient engagés à avancer de l'argent au trésor en se chargeant de recouvrer le montant des obligations des receveurs généraux, loin d'avoir aidé le service de la trésorerie, lui étaient redevables de 142 millions, que M. Mollien parvint plus tard, par des moyens ingénieux, à faire rentrer presque entièrement dans les caisses de l'État. Le précédent ministre croyait que cette dette n'était que de 73 millions.

Une telle erreur accusait les formes de comptabilité employées par l'administration. M. Mollien entreprit d'établir au ministère du trésor et chez tous les comptables le nouveau système dont il avait éprouvé l'avantage comme directeur de la caisse d'amortissement, et qui, appliqué sur une plus grande échelle, devait donner des résultats plus importants encore. Cette réforme de la comptabilité financière, qui rendait toute malversation impossible, suffirait pour recommander à la reconnaissance de son pays le ministre qui l'a accomplie : mais c'est surtout par les conditions nouvelles faites aux receveurs généraux dans leurs rapports avec le trésor; c'est par les grandes mesures qui régularisaient le recouvrement de l'impôt d'une manière plus prompte et plus sûre; c'est par la constitution d'une trésorerie indépendante de tout *faiseur de service*, que M. le comte Mollien marquera au premier rang dans l'histoire de nos finances. Il faut lire dans ses Mémoires le détail de ces importantes innovations, qui contribuèrent si puissamment au rétablissement de l'ordre et du crédit.

L'empereur examina avec soin et réflexion si la Banque de France ne pourrait pas être chargée du service du trésor et du payement des dépenses publiques : ce ne fut pas l'avis de M. Mollien, et cette idée fut rejetée.

Une caisse nouvelle fut établie au trésor sous le nom de *caisse de service*. Les recettes opérées sur tous les points du territoire étaient versées à son compte dans leur intégralité, à l'époque réelle des recouvrements, et non plus dans un délai de dix-huit mois, ainsi qu'il était réglé par l'échéance des obligations des receveurs généraux.

Dès ce moment cessèrent les émissions de ces valeurs représentatives de l'impôt, qui, antérieurement, étaient trop souvent jetées sur la place, et négociées à des taux scandaleusement onéreux pour le trésor et pour le crédit de l'État.

Le nouveau système instituait les receveurs généraux comme principaux agents de la trésorerie dans les départements. A cet effet, il centralisait dans leurs mains les produits disponibles des contributions, et il les chargeait, avec ces ressources, de subvenir à l'acquittement des dépenses locales. En même temps il associait, par une grande et simple conception, les opérations de la trésorerie au mouvement des transactions commerciales. Les receveurs généraux furent autorisés à s'immiscer, sous leur responsabilité, dans ce grand mouvement d'affaires qui constitue alternativement la capitale, et les départements débiteurs et créanciers, et à convertir en bons effets de commerce sur Paris tous les excédents de fonds disponibles. Ces conversions aidaient à la fois le trésor à réaliser ses ressources, les départements à transmettre le tribut des impôts, et la capitale, ce grand centre de consommation, à se libérer envers les départements; le tout sans déplacement matériel de fonds. Et cette ingénieuse combinaison, dont les receveurs généraux étaient les agents responsables et intéressés tout à la fois, et qui affranchissait le trésor sans l'exposer à aucun risque, facilitait l'accomplissement de toutes les transactions avec économie et sûreté pour tous les intérêts.

Accessoirement, et sous l'influence du même principe, la caisse de service fut mise en mesure de délivrer des mandats, à quelque titre que ce fût, sur toutes les caisses publiques de France. Ces mandats étaient recherchés par les particuliers qui, ayant à transmettre de l'argent en province, le versaient de préférence à cette caisse. C'était encore un moyen économique de faire arriver à Paris, sans déplacement d'espèces, une partie des recouvrements opérés dans les départements, cette faculté se résumant en profits et en convenances réciproques pour le service public et pour les transactions privées. Au point de vue d'ensemble, le nouveau système, avec toutes ses combinaisons, était évidemment le mode le plus simple et le moins coûteux de tenir partout au courant le payement des dépenses, et d'assurer constamment à la trésorerie la plus prompte et la plus complète disposition de toutes ses ressources.

M. Mollien avait expliqué si nettement ce mécanisme à l'empereur, qu'il voulut signer le décret qui instituait la caisse de service sans le lire.

« Je ne puis pas signer trop vite l'émancipation du trésor, » disait-il.

Le ministre du trésor et ses nouvelles créations devaient être mis à de rudes épreuves. L'année 1806 n'était pas terminée, que la guerre était commencée contre la Prusse : à la glorieuse campagne d'Iéna succédèrent l'entrée en Pologne, Eylau, le séjour de l'armée sur la Vistule, et les batailles qui amenèrent la paix de Tilsitt, merveilleux apogée de la fortune de Napoléon. 1808 vit commencer l'invasion et la guerre d'Espagne, entreprise déloyale et funeste, dont les embarras et les calamités devaient le harceler sans relâche jusqu'à sa ruine. Puis la guerre d'Autriche et Wagram en 1809; les immenses préparatifs de 1811; la campagne et la retraite de Russie en 1812. Les dernières victoires de Lutzen et de Dresde en 1813 ne préservèrent ni l'empereur ni la France de l'invasion européenne; la défense désespérée du territoire, les efforts du génie et le courage de nos soldats, terminèrent le grand drame de l'empire.

Il est difficile de se figurer, parmi de semblables événements, au milieu d'une vie si active, de tant de préoccupations, et d'une telle diversité de fortune, comment Napoléon n'oubliait pas un détail d'administration; savait chaque jour le compte de ses écus, comme le compte de ses soldats; compulsait les budgets et les comptes pour y découvrir des ressources; écrivait lettres sur lettres à son ministre; contestait avec lui, essayant de le persuader avec des sophismes en chiffres, qui ne faisaient pas illusion à lui-même; indiquait minutieusement le lieu, le moment, la destination de chaque dépense qu'il ordonnait; défendait avec obstination, pour ne pas les appliquer au service ordinaire, les contributions levées sur les pays vaincus, ainsi que le trésor, appelé domaine extraordinaire, qu'il destinait à récompenser ses soldats et à enrichir ses généraux.

Si Napoléon avait pensé que sa position lui imposait des devoirs extraordinaires et qu'il ne pouvait régner comme un autre prince; s'il s'occupait de son métier de roi avec une activité infatigable, avec une surveillance universelle, avec une attention sans relâche, certes il rendait aussi le métier de ministre laborieux et difficile; et dans ces dernières années les difficultés s'étaient multipliées surtout pour le ministre du trésor. Les ressources auxquelles il était sans cesse obligé d'avoir recours pour faire face à des besoins sans cesse croissants; pour assurer le service des armées d'un bout de l'Europe à l'autre, sans nuire aux services de l'intérieur; pour se tenir constamment au niveau des nécessités impérieuses du jour, sans compromettre celles qui devaient surgir le lendemain, exigeaient une continuité d'efforts, dont une persévérance moins ferme et moins soutenue que la sienne aurait pu se laisser décourager. Toujours prêt à indiquer et à faire tout ce qui était possible, lorsque survinrent les revers et la décadence l'impossible lui était souvent demandé. Plus d'une fois, lorsque Napoléon se plaignait de l'inexécution de ses commandements, M. Mollien lui opposait modestement l'autorité des preuves arithmétiques; il évitait la discussion, et laissait parler les chiffres : alors l'empereur se résignait, s'étonnant de rencontrer dans les choses une résistance supérieure au zèle de ceux qui le servaient.

Ainsi se passèrent les neuf années du ministère de M. le comte Mollien. Lorsque les alliés entrèrent à Paris, il suivit avec les autres ministres l'impératrice à Blois, où il sut rendre un dernier service à son pays, en calmant l'inquiétante fermentation des troupes qui se plaignaient d'un arriéré de solde. Délié, par l'abdication de Napoléon, de ses devoirs publics, il n'attendit du gouvernement royal que sa part du repos qui était promis à la France. Il pouvait donner des regrets à cette grandeur et à cette gloire qu'il avait vues croître et puis s'écrouler; à cette administration si régulière, dont lui-même avait réglé les formes, sous l'autorité d'un souverain, collaborateur éclairé de ses ministres. Il conservait l'admiration et l'attachement qu'il avait voués à ce grand homme. Il lui devait aussi de la reconnaissance pour l'estime et la bienveillance dont il avait reçu de lui des preuves multipliées sous des formes diverses. Peu d'hommes publics ont jamais porté le désintéressement aussi loin que M. Mollien : l'empereur avait remarqué ce trait distinctif du caractère de son ministre; c'est en partie à ses dons que M. Mollien dut sa très-modeste fortune, plus en rapport avec la modération de ses goûts qu'avec les hautes fonctions qu'il avait si longtemps remplies. Il s'était marié en 1802 avec une jeune personne qui se montra digne de son estime, de sa confiance, et qui, heureuse par lui, fit le charme et le bonheur de sa vie. Il trouvait près d'elle une douce distraction de ses travaux. Il était assuré que ce bonheur serait mieux senti encore dans le repos et dans la retraite.

Il ne nourrissait aucun sentiment hostile à la Restauration; elle n'avait rien à lui reprocher, il n'avait rien à lui demander. Son caractère bienveillant, son besoin impérieux d'ordre et de moralité, ses habitudes et ses opinions, étaient antipathiques à la révolution. Il savait respecter le pouvoir; une société hiérarchique, loin de lui déplaire, était à ses yeux la preuve et la garantie du bon ordre; il n'y avait pas en lui de quoi être opposant, pas même mécontent.

Il ne tarda point à donner une preuve de cette disposition. Dans le débordement de haine et de rancune qui s'éleva d'abord contre l'empereur et son gouvernement, l'administration des finances fut attaquée. On la présenta comme funeste et désordonnée. Cette accusation fut portée presque officiellement dans les discours d'un des nouveaux ministres; le mot de malversation fut même prononcé. Une telle offense fut ressentie par M. Mollien, non pour lui, qui n'était nullement désigné, mais pour le gouvernement qu'il avait servi. Il écrivit une réfutation péremptoire de cette calomnie. C'était par des chiffres irrécusables qu'il repoussait des assertions frivolement injurieuses. Il remit lui-même au ministre sa réponse avec les comptes qui l'appuyaient, et il ajouta qu'aucune publicité ne serait donnée à la rectification de ces erreurs de la nouvelle administration; que personnellement il n'avait nul besoin d'apologie, et qu'il voulait épargner au gouvernement du roi l'inconvénient d'une semblable controverse. Les amis de M. Mollien, et surtout le duc de la Rochefoucauld, le pressèrent de se départir d'une réserve qui leur semblait exagérée; il y persista.

Le 20 mars survint; Napoléon, en arrivant à Paris, demanda M. Mollien, qui était resté à la campagne. Il n'augurait rien de bon de cet étonnant retour; il aurait voulu que son dévouement et sa reconnaissance, qui n'avaient pas subi d'altération, ne fussent point mis à l'épreuve par sa rentrée au ministère. Napoléon l'envoya chercher trois fois de suite : il arriva aux Tuileries; l'empereur l'embrassa, lui prit les mains : « Dans une telle crise, vous ne me refuserez pas de reprendre votre place. » Profondément ému, M. Mollien, au lieu d'accepter, lui parlait de son admiration pour ce retour extraordinaire. « Mon cher, dit-il, le temps des compliments est passé ; ils m'ont laissé arriver comme ils les ont laissés partir (1). » Tant son coup d'œil était sûr, tant son observation demeurait calme parmi le fracas des événements, comme au milieu des périls du combat. Depuis lors, ces mêmes paroles ont pu être répétées par chaque gouvernement qui, dans notre malheureux pays, est venu remplacer un autre gouvernement expulsé.

Après la seconde Restauration, M. le comte Mollien rentra dans la vie privée : elle lui fut douce et honorable ; il jouissait d'une considération universelle. Son mérite était reconnu de tous ; il avait pour amis les hommes les plus distingués de son temps, et les voyait habituellement ; mais son bonheur tenait surtout aux tendres soins de sa femme, à sa constante affection, à cette conformité de pensées intimes, de sentiments élevés, d'opinions raisonnables : il avait pour la compagne de sa vie une reconnaissance expansive, et qui augmentait avec les années.

La pensée de rentrer dans les affaires ne se présenta jamais à son esprit ; mais le ministère lui fut proposé deux fois. Le duc de Richelieu voulut, en 1818, lui donner place dans le cabinet qu'il

(1) *Mémoires d'un ministre du trésor public.*

cherchait à former. Un an plus tard, M. Decazes le pressa de succéder à M. Louis, qui venait de se retirer avec le maréchal Saint-Cyr et le général Dessole. M. Mollien ne se sentait nul éloignement pour le gouvernement de la Restauration; ses opinions le rapprochaient des hommes qui appartenaient à une politique conciliante et modérée; mais il ne se croyait pas appelé, par son caractère et ses habitudes, aux luttes parlementaires, aux combats de la tribune, aux vivacités de l'esprit de parti. Une administration militante ne lui convenait pas. Dans l'une et l'autre occasion il refusa; mais il reçut avec reconnaissance l'honneur d'être appelé à la pairie. Il y entra en 1819, dans une promotion qui comprenait la plupart des hommes distingués par leur capacité et leurs services sous le régime impérial.

La chambre des pairs accueillit avec satisfaction un si honorable collègue; son caractère, son expérience, ses lumières lui valaient la confiance de tous. Il avait autorité en matière de finances. Sa place était marquée dans les commissions qui traitaient de ce département ministériel. Il se chargea plusieurs fois de faire des rapports, toujours écoutés avec faveur. Il était d'une exactitude scrupuleuse à remplir des devoirs conciliables avec son goût pour la retraite et les doux loisirs de son intérieur.

La révolution de 1830 ne changea rien à sa situation. Seulement il se trouva plus approché et peut-être plus sympathique à la dynastie nouvelle : il pensait que le souverain choisi pour préserver l'ordre public, dès lors si menacé, pouvait mieux qu'aucun autre se trouver en harmonie avec l'esprit public, avec les mœurs du temps, même avec les fantaisies, qui deviennent des passions lorsqu'on leur résiste. Et cependant il avait des doutes ; il écrivait en 1845 : « Les efforts du roi ont-ils tout le succès qu'ils méritent (1)? »

Il eut le chagrin de voir qu'il avait raison de douter et de craindre. Sa vie s'est prolongée assez pour que, pendant deux années, il ait eu le spectacle de la France retombée dans la révolution. Ses dernières pensées ont été attristées par l'incertitude de l'avenir réservé à une patrie qu'il avait si bien servie et sincèrement aimée.

Il est mort le 20 avril dernier, à l'âge de quatre-vingt-douze ans, dans la plénitude de sa raison ; sa main dans la main de sa femme, qui lui avait donné toute une longue vie de bonheur.

M. le comte Mollien a écrit, il y a quelques années, ses Mémoires, dont nous avons extrait quelques passages. Il y donne peu de détails sur sa vie privée ; mais il explique et raconte avec soin tout ce qui se rapporte aux fonctions qu'il a remplies, aux affaires qu'il a traitées, aux questions qu'il a examinées ou discutées pendant son administra-

(1) *Mémoires d'un ministre du trésor public.*

tion. Il développe les doctrines qui l'ont guidé. Son livre est surtout une histoire complète de l'administration du trésor pendant le régime impérial, et de ses relations avec Napoléon, dont il cite beaucoup de conversations et de lettres. Très-sommaires en ce qui concerne la personne de l'auteur, qui ne parle jamais de lui qu'avec modestie et réserve, ces Mémoires, curieux et instructifs pour les lecteurs qui s'occupent de finance, ne sont pas moins remarquables par l'élégance, la pureté, la distinction du style, que par la sûreté, l'impartialité des jugements et la connaissance profonde des matières qui y sont traitées. Imprimés à un petit nombre d'exemplaires, ils ne sont pas destinés à la publicité, et passeront seulement des mains de sa femme, qu'il en a rendue dépositaire, dans les mains de ses amis, qui depuis longtemps déjà n'étaient plus pour lui des contemporains.

M. le comte Mollien était un dernier débris et un des plus parfaits modèles de cette ancienne société française, où l'urbanité des mœurs et l'exquise politesse des manières s'alliaient aux grands travaux de l'esprit et à la profondeur des idées et des connaissances. Comme homme public, ses lumières, ses talents, ses services, cette haute délicatesse à laquelle la conscience de l'administrateur de la fortune de l'État ne connaissait pas de limites, commandaient la considération générale; elle lui fut constamment acquise. Comme homme privé, son inaltérable bonté, le charme et l'élévation de son caractère et de son esprit, lui assuraient l'affection de tous ceux qui l'approchaient. Il vivait entouré de soins, de vénération, de sentiments dévoués; il laisse après lui d'unanimes et profonds regrets.

Paris. — Typographie de Firmin Didot frères, rue Jacob, 56.

www.ingramcontent.com/pod-product-compliance
Ingram Content Group UK Ltd.
Pitfield, Milton Keynes, MK11 3LW, UK
UKHW020512230726
13925UKWH00005B/2147